AF189402

Hund hört nicht?

Das Hunde Erziehungs-buch für Anfänger

Werde Schritt für Schritt zum wahren Hunde-flüsterer und baue mit der richtigen Hundeer-ziehung eine enge Bindung zu deinem Hund auf

Frauke Groenewold

✈ INHALT

Die richtige Erziehung

Ein gut erzogener Hund ist das A und O, wenn er überall mitgenommen werden soll. Niemand möchte einen unerzogenen Hund, der bettelt, Leute anspringt, andere Hunde anpöbelt oder kaum von der Leine gelassen, davonläuft. Die Herangehensweise von Hundetrainern ist dabei ganz verschieden. Es können in der Hundeerziehung leider einige Fehler gemacht werden. Dabei ist es gar nicht so schwer, einen Hund zu erziehen, wenn ein paar Regeln eingehalten werden. Natürlich ist jeder Hund verschieden und es gibt kein Allheilmittel. Es funktioniert auch nicht bei allen Hunden alles. Das bedeutet für den Menschen, dass er einfach eine andere Methode ausprobieren sollte. Egal, mit welcher Methode der Hund erzogen werden soll. Konsequenz heißt das Zauberwort. Härte und Strafen hingegen sollten direkt vom Erziehungsplan gestrichen werden. Wer seinen Hund oft straft, erreicht in erster Linie, dass der Hund Angst bekommt. Das Ziel sollte eine vertrauensvolle Zusammenarbeit sein und dass der Hund gerne die Kommandos ausführt, die sein Mensch von ihm verlangt. Strafen oder gar schlagen sind in der Hundeerziehung komplett tabu. Ebenso sonderbare Hilfsmittel, die leider immer noch teilweise zum Einsatz kommen, wie unbegrenzte Kettenwürgehalsbänder, Stachelhalsbänder, Teletaktgeräte oder andere zweifelhafte Ausstattungen, die den Hunden Schmerzen zufügen.

Hunde möchten ihren Menschen gefallen und lernen. Mit den richtigen Tricks ist die Erziehung ein Leichtes. Dabei können sowohl Leckerli als auch Spielzeug zum Einsatz kommen. Wenn Sie mit Leckerli arbeiten, sollten die von der Futtermenge abgezogen werden, damit der Hund nicht zu dick wird. In die reine Erziehung sollten immer wieder Spieleinheiten eingebaut werden. Besonders mit einigen Erziehungsspielen und Tricks kann die Bindung gefestigt werden. Und das Gute daran ist, der Mensch ist entspannter, weil es ja „nur" Spaß ist. Dabei bringt es aber unheimlich viel.

Basisbefehle für Ihren Hund

Wenn ein Welpe ins Haus kommt, sollte mit der Erziehung direkt begonnen werden. Da Welpen aber nur eine sehr kleine Aufmerksamkeitsspanne haben, ist es wichtig, sie auf keinen Fall zu überfordern. Sie einfach für ein oder zwei Wochen machen zu lassen, was sie möchten, ist aber auch nicht richtig. Das richtige Maß an kleinen Erziehungseinheiten schadet dem Vertrauensaufbau zu Beginn in keiner Weise. Einem Hund etwas zu lehren, ist wesentlich leichter, als ihm ein unerwünschtes Verhalten wieder abzugewöhnen.

Das kleine 1 x 1 in der Grunderziehung ist Sitz, Platz, Bleib, Aus. Ganz wichtig ist, für die Kommandos und Handzeichen immer die gleichen Zeichen zu verwenden. Die Worte sind dem Hund egal, ob Sie für Sitz „Sitz, Purzelbaum oder Kaffeetasse" sagen, interessiert ihn erst einmal nicht. Sitz sollte mit einem Handzeichen, wie dem erhobenen Zeigefinger, verbunden werden. Egal für welches Kommando Sie sich entscheiden, bleiben Sie dabei. Hat der Hund erst einmal verknüpft, wird er den Befehl ausführen. Verwenden Sie immer wieder einen anderen Begriff, verwirrt das den Hund unnötig. Genauso verhält es sich mit den anderen Kommandos. Sie können Ihren Hund auch in einer anderen Sprache erziehen, wenn sie möchten. Für Hunde ist die Körpersprache in den meisten Fällen wichtiger als Worte, dennoch hören sie auf Kommandos, wenn sie sie einmal abgespeichert haben.

SITZ

„Sitz" lernt sich relativ leicht. Am besten stellen Sie sich dafür vor den Hund und heben den Zeigefinger einer Hand. Geben Sie ihm dazu das Kommando „Sitz" oder was Sie möchten. Natürlich weiß der Hund zu Beginn nicht, was er machen soll und wird sie fragend anschauen oder herumspringen. Machen Sie es ihm und Ihnen leicht. Nehmen Sie ein Leckerchen in die Hand und führen Sie die Hand mit Leckerchen und erhobenem Zeigefinger dicht vor die Hundenase und dann langsam nach oben. Normalerweise wird der Hund der Hand mit seiner Nase folgen. Dafür muss er den Kopf heben und wird sich dabei hinsetzen. Sobald der Hund sitzt, bekommt er das Leckerli und ein Riesenlob. Bei ganz sturen Kandidaten kann es auch mal nötig sein, sie ganz leicht und sanft am Hinterteil herunterzudrücken. Geben Sie ihm dabei Ihr Kommando. Verwenden Sie diese Methode aber nur bei wirklich sturen Hunden. Und vor allem immer sanft, ruhig und ohne jede Gewalt.

PLATZ

Platz ist ebenso eine relativ leichte Übung, wenn der Hund schon Sitz kann. Dafür wird er hingesetzt, ein Leckerchen kommt wieder in eine Hand. Die Hand mit dem Keks vor dem Hund über den Boden führen. Damit der Hund an das Leckerli kommt, wird er sich hinlegen. In diesem Moment dann das Kommando und Leckerchen geben. Und natürlich loben, loben, loben. Bei einem sturen Hund kann auch hier nachgeholfen werden. Möchte er sich gar nicht hinlegen, können die Vorderpfoten sanft nach vorn gezogen werden, bis er liegt. Den Hund dann sofort wieder kräftig loben, selbst wenn er sich durch Hilfestellung hingelegt hat.

AUS

Das „Aus" ist Hunden nicht immer ganz so leicht zu lehren. Es kommt auch immer auf den Hund an und wie groß sein Wunsch ist, die „Beute" zu behalten. Hunde erwischen immer wieder mal Sachen, die nicht gut für sie sind und ihnen auch richtig gefähr-lich werden können. Werden sie verschluckt, kön-nen sie zu Magen-Darm-Reizungen führen bis hin zu einem Darmverschluss, der im schlimmsten Fall tödlich für den Hund endet. Natürlich sollte keinem Hund einfach so aus Spaß oder um ihn zu ärgern etwas weggenommen werden. Hat er aber etwas in der Schnauze, was ihm wirklich gefährlich werden kann, oder was er sich gestohlen hat und einfach nicht haben soll, sollte er es trotz allem auf Kommando hergeben. Es ist nicht immer ganz einfach, einem Hund Dinge abzunehmen, besonders wenn das öfter der Fall ist. Wenn ein Hund etwas hat, ist es ihm in dem Moment meist wichtig. Es wäre besser zu tauschen, als ihm einfach etwas wegzunehmen.

Wenn der Hund also etwas hat, das Sie ihm gerne abnehmen möchten, bewaffnen Sie sich mit Leckerli und versuchen sie, mit ihm ein Tauschgeschäft einzugehen. Das Leckerli sollte für den Hund ein wirklich unverzichtbarer Jackpot sein. Vielleicht auch etwas, das er sonst nicht bekommt. Besonders wenn er seine Beute so gar nicht abgeben möchte, muss das Leckerli um einiges besser sein. Bieten Sie Ihrem Hund das Super-Leckerli an und probieren Sie, ein Stückchen des Beuteobjekts zu fassen. Geben Sie ihm das Kommando „Aus" oder „Lass los" oder was Sie möchten. Kaum, dass die Schnauze aufgeht und Sie die Beute nehmen können, geben Sie dem Hund das Leckerli und loben ihn ausgiebig. Fängt der Hund ein Zerrspiel an, lassen Sie die Beute sofort los. Ein Beutekampf ist nicht der richtige Weg.

Falls Sie sich nicht sicher sind, ob Ihr Hund vielleicht schnappen könnte, zeigen Sie ihm das Leckerchen, fassen aber die Beute nicht an. Besonders wenn Sie Richtung Schnauze greifen und der Hund schon beginnt zu knurren. Geben Sie ihm wieder das Kommando und wedeln Sie etwas mit dem Leckerli. Versucht der Hund nach dem Leckerchen zu schnappen, wird er die Beute fallen lassen. Es kann allerdings gefährlich sein, jetzt die Beute zu nehmen, da Sie hier sehr schnell sein müssen und riskieren, dass der Hund sie auch wieder packen möchte. Dabei kann es passieren, dass er nicht nur in die Beute schnappt, sondern eventuell auch in Ihre Finger. Besser ist es das Leckerchen ein Stück neben dem Hund auf den Boden zu werfen. Dabei möglichst so werfen, dass die Beute gesichert werden kann. Es gibt ein paar Kandidaten, die wirklich gewitzt sind und ein starkes Beuteverhalten zeigen.

Sie werden die Beute nicht loslassen, damit zum Leckerli gehen, sich dieses schnappen und im nächsten Moment wieder die Beute, die sie nur ganz kurz loslassen. Hier ist wirklich nicht viel Zeit, aber die Gefahr gebissen zu werden, daher ist genau abzuwägen, ob Sie das Risiko eingehen.

Funktioniert das Tauschen nicht, müssen Sie dem Hund die Beute wirklich abnehmen. Hunde können nicht von Haus aus tauschen und müssen es erst lernen. Der Hund kann ja nicht wissen, warum Sie die Beute haben möchten, die ihm grad so wichtig ist. Er sieht es gar nicht ein, seine Beute zu teilen oder sie abzugeben. Müssen Sie ihm die Beute wirklich abnehmen, sollten Sie ihm ganz sanft die Schnauze öffnen. Machen Sie das aber nur, wenn Sie ganz sicher sind, dass der Hund nicht beißt oder seine Beute wirklich bis ans Ende verteidigt. Und bitte denken Sie daran, wenn Sie dem Hund die Beute abnehmen und er schnappt Sie in die Hand, ist das nicht böse von ihm, sondern sein Instinkt, Beute nicht abzugeben. Da das Kommando „Aus" für Hunde aber lebenswichtig sein kann, sollte es unbedingt trainiert werden. Und zwar so lange, bis es einwandfrei funktioniert. Wenn der Hund einmal verstanden hat, dass Sie ihm nichts einfach so wegnehmen bzw. dass er etwas anderes, noch viel Besseres bekommt, wird er sich auf das Tauschen einlassen.

STUBENREINHEIT

Stubenreinheit bei Welpen ist gar nicht so schwer wie viele denken. Hunde sind von Natur aus sauber. Ihr Lager möchten sie nicht mutwillig beschmutzen, genauso wenig wie den Schlafplatz, das Auto oder den Schoß von Frauchen oder Herrchen. Welpen haben eine kleine und untrainierte Blase und dazu ein noch nicht ganz fertiges Verdauungssystem. Sie müssen sich sehr häufig lösen. Das kann plötzlich und unerwartet passieren, so dass es zu einem kleinen Missgeschick kommt.

Entwickeln Sie einen Blick dafür, wann es Zeit ist, den Welpen nach draußen zu bringen. Achten Sie darauf, ob er sich gerade einen Platz sucht, um sich zu lösen. Meist müssen sich Welpen nach dem Schlafen, Fressen, Trinken oder Spielen lösen. Lassen Sie ihn am besten keine Erkundungsgänge allein durch die Wohnung unternehmen. Es kann helfen, ihm für den Anfang einen bestimmten Bereich zu geben. Mit einem Türgitter oder einem speziellen Welpen Zaun kann das leicht bewerkstelligt werden. Der Bewegungsradius des Welpen ist eingegrenzt und Sie können sich anderen Aufgaben zuwenden. Die meisten Hunde schnüffeln intensiv auf dem Boden, drehen sich und zeigen auffällige Unruhe. Das sind meist Anzeichen, dass sich der Welpe bald lösen muss. Bringen Sie Ihren Welpen dann spätestens nach draußen. Sie sollten ihn unabhängig davon in regelmäßigen Abständen nach draußen bringen. Bei Welpen unter drei Monaten ist das alle 1,5-2 Stunden, ab dem dritten bis zum vierten Monat müssen sie alle drei Stunden, ab dem fünften bis sechsten Monat circa im vier Stundentakt.

Haben Sie Ihren Welpen nach draußen gebracht und er löst sich an dem Platz, den Sie vorgesehen haben, loben Sie ihn überschwänglich. Am besten ist einen Platz zu suchen, der etwas abgelegen ist und etwas Grün bietet. So kann sich der Welpe konzentrieren, schnüffeln und seinen Stammplatz annehmen. Sprechen Sie ihn nicht großartig an, sondern lassen Sie ihn in Ruhe sein Geschäft verrichten. Bleiben Sie ruhig mit dem

Welpen an dem Platz, Sie können eventuell etwas hin und herlaufen. Löst sich der Welpe machen sie ein Riesenereignis daraus und loben ihn, als ob er gerade den Nobelpreis gewonnen hätte. Machen Sie das jedes Mal, wenn er sich draußen löst. Sie können Ihr Lob auch mit einem Leckerli unterstützen. Sie können auch versuchen, Ihrem Hund ein Lösungswort zu lernen. Ihr Hund wird nach etwas Zeit das Lösungswort mit dem Lösen verbinden. Wenn Sie es später einmal eilig haben, kann das sehr hilfreich sein.

Um auch in der Nacht das Training fortsetzen zu können, sollten Sie ein paar einfache Regeln einhalten. Abends sollte ein geregelter Ablauf erfolgen. So kann der Welpe sich an festgelegte Rituale halten. Das es zum Beispiel 18.30 Uhr Abendessen gibt, um 23:00 Uhr geht es zum letzten Mal nach draußen und dann ins Bett. Hier ist es gut, wenn der Welpe in einer verschließbaren Hundebox schläft oder in einem großen Karton mit Decke oder Körbchen. Wenn Sie sich für den Karton entscheiden, sollten Sie einen auswählen mit so einem hohen Rand, dass der Welpe nicht darüber klettern kann. Stellen Sie das Nachtlager des Welpen in die Nähe von Ihrem Bett. Sie sollten hören können, wenn der kleine Hund in der Nacht raus muss. Er wird winseln und kratzen und versuchen, sein Nachtlager zu verlassen. Hunde möchten instinktiv ihr Nachtlager nicht schmutzig machen.

Meldet sich der Welpe, heißt es schnell sein. Ihr kleiner Hund kann nicht lange an sich halten. Daher sollten Sie alles griffbereit neben dem Bett haben, was Sie zum Hinausgehen benötigen. Haben Sie es mit dem Kleinen bis zum Stammplatz geschafft, loben Sie ihren Welpen wieder. Viele möchten keinen Hund im Schlafzimmer. Es macht aber keinen Sinn, den Welpen allein in einen anderen Raum zu sperren. Er wird sich durch die Dunkelheit und Einsamkeit dort nicht wohl fühlen und vielleicht sogar Angst bekommen. Zudem bekommen Sie es nicht mit, wenn er sich in der Nacht lösen muss. Wäre dann ein Missgeschick passiert, wäre es falsch, ihn dafür in der Früh zu schimpfen. Einsame Nächte arbeiten eher gegen die Stubenreinheit, als ihr zu helfen.

Passiert doch mal ein kleines Missgeschick und Ihr Welpe hat sein Geschäft im Haus gemacht, brauchen Sie eine Zeitung. Diese nehmen Sie und hauen

Sie sich selbst kräftig auf den Kopf, da Sie es versäumt haben, den Welpen rechtzeitig raus zu bringen. Aber Scherz beiseite, den Welpen für sein Missgeschick zu strafen, macht überhaupt keinen Sinn. Sie müssen hier immer daran denken, dass er das nicht macht, um Sie zu ärgern und es Ihre eigene Schuld ist. Den Welpen strafen oder gar mit der alten Methode, ihn mit der Nase in sein Geschäft zu drücken, geht überhaupt nicht. Wenn Sie ihn für sein Missgeschick bestrafen, erreichen Sie höchstens, dass er das nächste Mal eine Ecke heimlich aufsucht, um die sehr wahrscheinliche Rüge zu umgehen.

Ertappen Sie ihn „auf frischer Tat" und sagen klar „Nein". Erschrecken Sie ihn dabei aber nicht. Heben Sie den Welpen hoch und bringen Sie ihn nach draußen. Löst er sich noch einmal oder macht sein Geschäft fertig, loben Sie ihn dafür. Entfernen Sie im Haus die Hinterlassenschaften. Dafür eignen sich entweder ein Wasser-Essig-Gemisch oder ein stark duftender Reiniger. Es sollten auf jeden Fall keine Duftspuren zurückbleiben. Diese könnten den Welpen dazu verleiten, sich an der Stelle wieder zu lösen.

Perfekt an der Leine laufen

Es ist immer wieder schön zu sehen, wenn ein Hund locker an der Leine neben seinem Menschen herläuft. Das wünscht sich jeder Hundebesitzer, doch die Wahrheit zeigt oft Hunde, die ihren Besitzer einfach hinter sich her schleifen. Der Hund übernimmt klar die Führung und der Mensch folgt brav. So sollte es aber nicht sein. Langgezogene Arme und abrupte Richtungswechsel machen einfach keinen Spaß. Jeder Spaziergang wird zu einem echten Spießrutenlauf.

Drehen Sie den Spieß einfach um. Ihr Hund soll sich auf Sie konzentrieren und Sie übernehmen die Führung. Haben Sie einen Befehl zum Leine gehen, benutzen Sie ihn und gehen Sie los. Das kann „Fuß", „Langsam" oder „bei mir" sein. Gehen Sie einfach los, die Leine locker. Ihr Hund wird sehr verwundert sein, warum Sie ihm nicht mehr brav folgen und die Leine wird zu Beginn auch straff sein und immer wieder ruckeln. Gehen Sie los, wechseln Sie ganz oft und vor allem unvermittelt die Richtung, rechts, links, rechts, umdrehen und wieder zurück.

Der Hund wird schnell genervt sein, wenn es dauernd am Halsband zieht. Und vor allem, drehen Sie nicht immer so um, dass der Hund ihnen nicht ausweichen muss. Geht er rechts neben Ihnen drehen Sie mal nach links um und auch mal nach rechts.

Da muss er sich konzentrieren und Ihnen ausweichen. Fordern Sie das auch wirklich ein. Auch wenn sie nach rechts abbiegen und er rechts neben Ihnen geht. Er soll sich auf Sie konzentrieren und Ihnen ausweichen. Wenn Sie stehen bleiben, soll er automatisch auch stehen bleiben. Gehen Sie los, soll er auch direkt losgehen. Er soll sich konzentrieren

und wenn sie abbiegen soll er entsprechend reagieren. Reißen Sie dabei nie an der Leine, Sie können
aber immer, wenn die Leine ruckelt ein „schade"
einbauen.

Ihr Hund wird schnell verstehen, dass sie ihm
nicht mehr brav folgen, sondern er sich an Ihnen zu
orientieren hat. Sobald er reagiert, loben Sie ihn
ausgiebig. Wenn Sie mit Leckerli arbeiten, ist das
die Zeit, dem Hund eins zu spendieren. Richtiges
Timing ist im Hundetraining immer wichtig, hier
aber ganz besonders. Der kleinste Schritt in die
richtige Richtung muss sofort belohnt werden. Belohnen, wenn die Leine locker ist, wenn der Hund
Sie zwischendurch anschaut oder den Kopf zu
Ihnen dreht. Achtet er nicht auf Sie, „schade" und
Sie gehen einfach weiter. Wahrscheinlich wird Sie
der Hund auf das „schade" anschauen, einen Keks
gibt es dafür aber nicht. Es wird einige Zeit brauchen, bis der Hund zuverlässig an der Leine läuft,
besonders bei Ablenkung. Es kann auch hier immer
wieder zu Rückschritten kommen, und auch hier
gilt Dranbleiben und üben, üben, üben.

FREILAUF ODER FREIHEIT OHNE LEINE

Der Freilauf ist die Königsdisziplin für jeden Hund und Hundehalter. Nicht jeder hat einen Garten oder die Möglichkeit, seinem Hund in einem gesicherten Gelände den Freilauf zu ermöglichen. Hunde brauchen aber Freilauf. Sie müssen einfach mal nach Herzenslust sausen, schnüffeln, sich in der Wiese wälzen, einer Spur folgen dürfen. Für die glückliche Hundeseele gibt es nichts schöneres.

Hier kommt das große „Aber". Für manchen ist Freilaufen gleichzusetzen mit weglaufen. Freilauf sollte wirklich nur Hunden gewährt werden, die zuverlässig auf den Rückruf reagieren. Klappt das nicht, sollte die Leine dranbleiben. Schon allein zur Sicherheit des Hundes. Besonders, wenn Straßen in der Nähe sind. Der Hund sieht etwas, läuft hinterher, über die Straße und kollidiert mit einem Auto. Das braucht wirklich niemand. Natürlich kann nicht jeder Hund freilaufen, weil er vielleicht zu viel Jagdtrieb hat oder sehr aggressiv ist. Hier ist es an Ihnen, viel Training zu investieren, wenn Sie Ihrem Hund die Möglichkeit zum Freilauf geben möchten. Aber bitte, leinen Sie Ihren Hund wirklich erst ab, wenn das Training erfolgreich ist. Wenn Sie wissen, dass Sie Ihren Hund wieder abrufen können, haben Sie selbst auch die Sicherheit, ihn frei laufen zu lassen. Selbst wenn er sich an einem Mäuseloch vergisst und ein Stück hinter Ihnen zurückbleibt. Wenn er aber dann überglücklich mit einem Lächeln auf Sie zurast, wenn Sie ihn rufen, haben Sie die Bestätigung, dass sich das lange und oftmals nervenaufreibende Training bezahlt gemacht hat.

Nicht überall ist es erlaubt, seinen Hund frei laufen zu lassen. Soll der Hund freilaufen, ist es immer wichtig auf seine Umgebung und Mitmenschen zu achten, damit niemand belästigt wird. Befindet sich der Hund im Freilauf, sollte er zurückgerufen werden, falls Spaziergänger, Radfahrer, Reiter oder was auch immer des Weges kommen. Auch wenn es mittlerweile selbstverständlich sein sollte, Kotbeutel gehören in jede Jackentasche, die zum Spaziergang getragen wird. Wenn sich der Hund unter einen Busch verkriecht, um sein Geschäft zu erledigen, sollten Sie hinterher kriechen. Sie werden dadurch bei ihren Mitmenschen einen positiven Eindruck hinterlassen.

DER RÜCKRUF – AUS JEDER SITUATION

„Hier" oder „komm her" ist ein Kommando, das ein Hund zuverlässig beherrschen sollte. Es bedeutet für Sie weniger Stress beim Gassi gehen und für den Hund mehr Freiheit. Stellen Sie sich darauf ein, dass Sie ab und an von anderen Menschen etwas sonderbar angesehen werden. Sie müssen sich hin und wieder zum Kasperl für Ihren Hund machen. Besonders auf Nicht-Hundebesitzer kann das im Park etwas merkwürdig wirken. „Hier", „Hierher" oder „Komm her" hört man oft. Doch das Bild, das man sieht ist ein Hund, der die Ohren auf Durchzug stellt und das Kommando gründlich ignoriert. Er rennt in die andere Richtung, schnüffelt oder spielt mit Hundekumpels und lässt Sie einfach dastehen und rufen. Versuchen Sie ihn zu holen, macht er womöglich auch noch ein Fangspiel daraus.

Sie können ihn rufen, pfeifen, streng rufen und er reagiert trotzdem nicht. Sehen Sie es aus der Sicht des Hundes. Dann werden sie verstehen, warum er so reagiert. Sie stehen am Rand, gelangweilt und still, rufen ihn auf einmal, obwohl er grad so ein tolles Spiel mit dem Hundekumpel hat. Warum sollte er also das großartige Spiel unterbrechen und zu seinem langweiligen Menschen laufen, nur, weil der das möchte und ruft? Fast immer heißt das für den Hund, das Spiel ist vorbei, die Leine kommt dran und der Heimweg wird angetreten. Machen Sie sich zum Kasperl für Ihren Hund. Statt „hier" wird es „Hiiiiieeeeer". Verbunden mit Klatschen, Action machen, Hüpfen, vielleicht auch einem Ball spielen, schauen Sie einfach, dass Sie die Aufmerksamkeit von Ihrem Hund bekommen.

Kaum, dass sich Ihr Hund in Ihre Richtung bewegt, ist er natürlich der supertollste Hund der ganzen Welt. Sie können auch ein kleines Stück rückwärtslaufen und mit Ihrem Hund spielen. Und dann machen Sie nicht die Leine dran, sondern schicken ihn wieder zum Spielen. Rufen Sie ihn immer wieder aus dem Spiel ab. So weiß er, es ist nicht schlimm, das Spiel zu unterbrechen, weil er trotzdem noch wieder spielen darf und der Spaziergang noch nicht beendet ist.

Das „Hier", „Hierher" oder „Komm her" muss zuerst an der Leine aufgebaut werden. Sie benötigen dafür eine Schleppleine. Am besten wird das Kommando in der Wohnung trainiert. Es dauert, bis der Rückruf wirklich gut funktioniert. Der Rückruf funktioniert wirklich zuverlässig, wenn der Hund bei 10-Mal rufen 10-Mal kommt. Dafür sollten Sie aber viel Zeit, viele Leckerli und viel Training einrechnen. Klappt der Rückruf in der Wohnung zuverlässig, wird er nach draußen verlegt, möglichst zuerst ohne Ablenkung. Hier natürlich auch erst wieder an der Schleppleine. Klappt das zuverlässig, kann vorsichtig ohne Leine geübt werden. Funktioniert auch das zuverlässig, kann wieder mit Schleppleine der Abruf unter Ablenkung trainiert werden. Natürlich kann es immer wieder auch mal einen Rückschritt geben. Es wird vorkommen, dass der Hund zwei-, drei-Mal gerufen werden muss, bis er wirklich kommt. Damit haben Sie aber schon viel mehr erreicht als manch anderer Hundebesitzer.

Giftködertraining

Giftköder liegen leider immer wieder mal aus. Sie enthalten giftige Substanzen oder scharfe Gegenstände, an denen sich Hunde schwer verletzen oder sogar sterben können. Das Giftködertraining wird umso wichtiger. Es ist wichtig, dass Sie Ihren Hund lehren, einen Köder liegen zu lassen. Egal, ob er an der Leine oder im Freilauf ist. Natürlich wäre ein Maulkorb eine Möglichkeit. Dieser verhindert, dass der Hund etwas aufnehmen kann. An einen Maulkorb muss er aber erst gewöhnt werden. Es ist darauf zu achten, dass der Maulkorb gut passt, wirklich gut gepolstert und hochwertig verarbeitet ist. Dann wird er den Hund wenig stören. Wer sich aber auf seinen Hund verlassen kann, dass er nichts aufnimmt, kann auf den Maulkorb verzichten.

Es gibt unterschiedliche Wege für das Giftködertraining. Der Hund soll den Köder anzeigen oder ignorieren. Ein weiterer Vorteil dabei ist, dass der Hund lernt, nichts vom Boden aufzunehmen, auch wenn Sie nicht in Sichtweite sind. Für das Training braucht es einige Leckerli, die für den Hund besonders großartig sind. Außerdem braucht es eine sichere Strecke und eine Leine. Die Schleppleine bietet dem Hund relativ viel Freiheit und dennoch haben Sie ihn unter Kontrolle. Auf der Strecke sollten keinesfalls Köder liegen. Die Strecke kann gut im Garten oder auf einem Parkplatz sein. Es wird etwas Zeit brauchen, bis der Hund Sie versteht, was er machen soll. Vielleicht bitten Sie eine zweite Person Ihnen zu helfen.

Diese Person wird den vermeintlichen „Köder" auslegen, während Sie den Spaziergang simulieren. Lernen Sie im ersten Schritt Ihrem Hund, dass er nichts vom Boden frisst. Legen Sie Leckerlies aus, die Ihr Hund nicht so gerne mag. Die Super-Leckerli haben Sie in der Tasche. Findet Ihr Hund das Leckerli auf dem Boden, geben Sie ihm ein „Pfui", sodass er es nicht nimmt. Wenn Ihr Hund mit „schau" gelernt hat, Sie anzuschauen, lassen Sie ihn mit dem Kommando zu Ihnen schauen. Geben Sie ihm dann eins der Super-Leckerli und loben Sie ihn. Nach einiger Zeit wird er lernen, dass die wirklich tollen Sachen nicht auf dem Boden liegen, sondern von Ihnen kommen. Bitten Sie Ihre Helfer, ein Leckerli ein Stück weiter auszulegen. Läuft Ihr Hund darauf zu und ist kurz vor dem Leckerli sagen Sie „Pfui". Rufen Sie ihn zu sich und geben Sie ihm ein Super-Leckerli. Auf diese Weise lernt der Hund auch, dass er nichts vom Boden nehmen darf, wenn er sich ein Stück von Ihnen entfernt hat.

Im zweiten Schritt lernt der Hund, nur auf Kommando zu fressen. Das lässt sich schon zuhause bei jeder Fütterung trainieren. Stellen Sie dem Hund den Napf hin und geben Sie ihm einen Befehl, wie z.B. „Nimm". Dann darf er sein Futter fressen. Sie können beim Hinstellen des Napfes dem Hund ein „Warte" geben. Verlängern Sie die Zeit zwischen Napf abstellen und „Nimm". Wenn das funktioniert, lernt der Hund nichts zu nehmen, ohne Ihre Erlaubnis. Diese Impulskontrolle kann intensiviert werden. Dazu wird dem Hund ein Futterstück oder Super-Leckerli direkt vor seine Pfoten gelegt.

Nehmen darf er es erst, wenn Sie ihm die Erlaubnis geben. Hat der Hund eine gute Impulskontrolle, kann das Futterstück direkt auf seiner Nase liegen und er würde es nicht nehmen ohne Ihre Erlaubnis.

Der dritte Schritt gilt dem Abbruch. Es kann auch nach langem Training passieren, dass Ihr Hund etwas aufnimmt. Ein klares Abbruchsignal kann unter Umständen lebensrettend sein. Hat er „Aus" wirklich gelernt und verinnerlicht, wird er auch das aufgenommene Stück direkt wieder loslassen. Die Übung „Aus" gehört bereits zur Basis.

Bei jedem Spaziergang ist Aufmerksamkeit angesagt, damit der Hund trotz aller Übung nicht doch einen Köder aufnimmt. Ihr Hund wird ihn lange vor Ihnen sehen und riechen. Es gibt ein paar Fehler, die das Training unnötig schwerer machen können. Der Hund sollte generell kein Futter vom Boden bekommen. Suchspiele sind damit tabu. Der Hund sollte lernen, nichts von Fremden anzunehmen. Es kann immer wieder mal passieren, dass ein Giftköder in den Garten geworfen wird. Wenn Ihr Hund weiß, dass er nichts von Fremden nehmen darf, wird er auch nichts annehmen, von jemandem, der etwas über den Zaun wirft.

Es kann zwar im Ernstfall helfen, den Hund an der Leine von einem Köder wegzuziehen. Allerdings kann es auch sein, dass der Hund nur lernt, er kann nur fressen, wenn Sie nicht am anderen Ende der Leine hängen und außer Sichtweite sind. Wie bei allem ist das Timing wichtig. Der Hund sollte immer gut beobachtet werden. Nur so können Sie direkt reagieren, wenn er sich einem Köder nähert. Reagieren Sie auch nur einen Moment zu spät, kann es schon zu spät sein und der Hund hat den Köder schon verschlungen.

Hat Ihr Hund trotz aller Vorsicht einen Giftköder aufgenommen, sollten sie schnell und richtig handeln. Gehen Sie direkt zum Tierarzt, sobald der Hund irgendwelche Anzeichen zeigt. Berichten Sie von ihrem Verdacht, dass der Hund einen Köder erwischt haben könnte. Erbricht sich der Hund sollten Sie das Erbrochene zum Tierarzt mitnehmen. Falls möglich auch einen Teil vom Köder, wenn Sie noch etwas davon erwischen. Gehen Sie auf jeden

Fall mit dem Hund zum Tierarzt oder in eine Tierklinik, wenn Sie irgendwelche Symptome bemerken, die auf eine Vergiftung hindeuten können.

Sie können dem Hund nicht helfen, der Tierarzt kann aber sofort Maßnahmen einleiten. Rattengift macht sich erst nach einigen Tagen bemerkbar, daher ist es umso wichtiger, den Hund bei den ersten Anzeichen zum Tierarzt zu bringen. Melden Sie den Giftköderfund auf jeden Fall bei der Polizei. Der Giftköder gefährdet nicht nur Hunde, sondern auch Wildtiere und unter Umständen auch Kinder.

Anti Jagd Training

Hundebesitzer mit einem Hund ohne Jagdtrieb haben großes Glück. Den Freilauf
macht das um einiges leichter. Hunde mit
starkem Jagdtrieb können so gut wie gar nicht von
der Leine gelassen werden. Es gibt keine Patentre-
zepte, mit denen sich der Jagdtrieb abstellen lässt.
Es gibt verschiede Ansätze für Antijagdtraining, die
es dem Hund vielleicht ermöglichen können, ir-
gendwann ohne Leine laufen zu dürfen.

Der erste Schritt ist hier zu überlegen, wie ab-
wechslungsreich sind die Spaziergänge? Bin ich
selbst vielleicht nicht aufmerksam genug beim Gas-

si gehen? Habe ich beim Freilauf nicht konsequent genug auf den Hund geachtet? Was mache ich, wenn mein Hund davonläuft und was mache ich, wenn er wiederkommt? Spiele ich vielleicht mit ihm Ball oder Stöckchen werfen? Das wird für den einen oder anderen Hundebesitzer sehr unbequem werden sich die Antworten einzugestehen. Es gibt aber vielleicht viele Dinge, die Sie selbst ändern können, um den Jagdtrieb Ihres Hundes in andere Bahnen zu lenken. Hunde sind Beutegreifer. Für den Start mit Antijagdtraining ist es nie zu spät. Genau genommen ist es kein Antijagdtraining. Jagenden Hunden das Jagen abzugewöhnen ist nicht möglich. Es ist aber möglich ihn zu trainieren, dass er kontrollierbar bleibt. Dazu gehört in erster Linie eine sinnvolle Beschäftigung, die ihn auslastet. Wird der Hund von seinem Menschen sinnvoll ausgelastet, muss er sich keine eigene Beschäftigung suchen. Beim Jagdkontrolltraining lernt der Hund sich am Besitzer zu orientieren. Das setzt eine gute Zusammenarbeit zwischen Hund und Mensch voraus. Das Ziel ist, den Hund soweit zu trainieren, dass er sich auch bei starker Ablenkung abrufen lässt oder zu stoppen ist. Es gibt viele verschiedene Wege mit dem Hund zu trainieren. Hier wäre es gut, sich einen wirklich guten Hundetrainer zu suchen, der einem zur Seite steht.

Richtiges Timing

Das Timing in der Hundeerziehung ist enorm wichtig. Falls Sie Ihren Hund schimpfen müssen, sollte das auch direkt erfolgen. Es macht keinen Sinn ihn für etwas zu schimpfen, das er schon ein paar Minuten früher gemacht hat. Hunde können das nicht mehr verknüpfen. Sie merken dann zwar, dass Sie verärgert sind, sie wissen aber nicht warum. Ihn dann zu schimpfen oder zu strafen, wäre falsch. Für den Hund würde das nur bedeuten, dass Sie ihn, für ihn völlig unverständlich, einfach schimpfen. Passiert das öfter, wird der Hund mit der Zeit misstrauisch werden, da er einfach nicht einschätzen kann, warum Sie so reagieren, wie Sie reagieren. Mit dem Lob ist es genauso. Belohnen Sie richtig. Macht der Hund seine Sache gut, loben Sie direkt. Springt er sie vor Freude an, wenn Sie nach Hause kommen, streicheln Sie ihn nicht, sondern erst nach einem „runter", wenn er am Boden steht. Er würde verknüpfen, ich springe hoch und werde gestreichelt, also ist das richtig.

Klare Kommunikation

Körpersprache, Mienenspiel und Tonlage sollte zusammenpassen bei der Kommunikation mit Ihrem Hund. Ihr Hund wird Sie nicht verstehen, wenn Sie immer verschiedene Kommandos verwenden. Legen Sie Ihre Kommandos zu Beginn der Erziehung fest und bleiben Sie dabei. Das gleiche gilt für die Handzeichen. Hunde können Menschen sehr gut lesen. Sie achten sehr auf die Körpersprache und die Mimik. Achten Sie daher genau auf eine klare Kommunikation. Umso leichter wird es für Sie und Ihren Hund. Das gilt auch für Ihre Sprache mit dem Hund. Sätze wie „Das habe ich Dir schon 100-Mal gesagt" sind nutzlos. Ihr Hund kann damit nichts anfangen. Zerkaut er Ihre Schuhe, wäre in dem Moment ein „Nein" die bessere Wahl.

Herstellung und Verlag:

BoD – Books on Demand, Norderstedt

ISBN: 9783751903875

1. Auflage

Kontakt: Psiana eCom UG/ Berumer Str. 44/ 26844 Jemgum

Covergestaltung: Fenna Larsson

Coverfoto: depositphotos.com